POMPEYA Y EL VESUBIO

Las últimas horas de la ciudad romana

Por Mélanie Mettra
En colaboración con Damien Glad
Traducido por Laura Bernal Martín

Historia en50MINUTOS.es

POMPEYA Y LA ERUPCIÓN DEL VESUBIO

- **¿Cuándo?** El 24 de agosto del año 79.
- **¿Dónde?** En Pompeya, en la región de Campania (Italia).
- **¿Contexto?**
  - El Imperio romano.
  - La erupción del Vesubio.
- **¿Actores principales?**
  - Plinio el Viejo, naturalista y escritor latino (23-79).
  - Plinio el Joven, escritor latino (61-114).
  - Giuseppe Fiorelli, arqueólogo italiano (1823-1896).
- **¿Repercusiones?**
  - Un emplazamiento arqueológico de primer nivel para conocer la vida antigua.
  - Unos vestigios amenazados.

La ciudad de Pompeya, situada en la bahía italiana de Nápoles, es célebre por el magnífico estado de conservación de sus vestigios y por el excepcional testimonio sobre la vida antigua que estos aportan. Lo irónico es que lo que provocó la desaparición de la ciudad fue lo mismo que la protegió del paso del tiempo. La erupción del Vesubio el 24 de agosto del año 79 cubrió con una capa protectora toda la planicie que se extiende desde sus laderas hasta el Mediterráneo, preservándola durante más de 1500 años. Pero aunque Pompeya es el símbolo de esta catástrofe, sus habitantes no fueron las únicas víctimas, y el territorio declarado Patrimonio de la Humanidad por la Unesco desde 1997 va más allá de los límites de esta ciudad. En realidad, las ciudades que quedaron sepultadas bajo los flujos piroclásticos en esta región de la Campania fueron cinco: Herculano, ciudad marítima de 5000 habitantes y que es la que se encuentra más al norte; Oplontis, ciudad balnearia; Pompeya, la más importante, con unos 20 000 habitantes; Boscoreale; y, finalmente, al sur, el pequeño puerto de Estabia, donde Plinio el Viejo fallece el 25 de agosto del 79. Redescubiertas en el siglo XVII y con la gran ventaja de estar situadas en un perímetro muy poco urbanizado y, por tanto, accesible a excavaciones de envergadura, hoy en día cerca 98 hectáreas le ofrecen a los arqueólogos, a los historiadores y a los visitantes el espectáculo de una vida intensa pero también el relato de un terrible drama.

CONTEXTO

POMPEYA, UNA CIUDAD ANTIGUA

Vista general de las ruinas de Pompeya, grabado de *Die Gartenlaube*, Leipzig, edición de Ernst Keil, 1856.

Cuando el Vesubio entra en erupción, las planicies que lo rodean están densamente pobladas. De hecho, hay cuatro ciudades, siendo Pompeya la más activa de entre ellas desde un punto de vista económico y político. La ciudad, que cuenta con 20 000 habitantes, está situada en una meseta en la desembocadura del río Sarno. Su posición le permite vigilar la costa que se extiende a sus pies. Oplontis no es una ciudad propiamente dicha, sino un barrio residencial y costero de Pompeya. Herculano, más al norte, es un puerto que acoge tanto residencias de lujo como casas de pescadores. Estabia también es una opulenta estación balnearia. Además, en el interior existen numerosas villas, y los cultivos se extienden hasta alcanzar prácticamente la cumbre del Vesubio.

Este territorio está poblado desde hace mucho tiempo. A pesar de los riesgos que presentan las zonas volcánicas, la especial fertilidad del suelo resulta atractiva. Aunque en Pompeya se han encontrado vestigios que datan del final de la prehistoria, el primer asentamiento de un poblado completo parece remontarse al siglo VII a. C., con la llegada del pueblo osco (pueblo procedente de los Montes Apeninos). Pompeya se encuentra primero bajo influencia griega, y a continuación pasa a manos de los etruscos, que se hacen con el sur de Italia desde la Toscana a lo largo del siglo VI a. C., fundando a su paso numerosas ciudades. La posición de la ciudad es estratégica para los etruscos, que deben enfrentarse a las poderosas colonias griegas. De hecho, su emplazamiento les permite controlar a la vez el mar y el fértil valle del Sarno, cuyo río navegable lleva a otra ciudad etrusca, Nuceria, lo que permite unir el comercio marítimo mediterráneo con el interior de la Campania. Así pues, parece que los etruscos reunieron a las poblaciones locales en ciudades organizadas.

Pero en el siglo V a. C., los griegos, que logran la victoria naval de Cumes (474 a. C.) y, después, los samnitas, que llegan a la Campania desde los Apeninos, ponen a la civilización etrusca en peligro. Los samnitas toman Pompeya: la ciudad crece, se rodea de fortificaciones más imponentes y el campo se divide en explotaciones agrícolas. Pero los romanos, cuyo poder empieza a extenderse más allá del

Lacio (región de Italia central), se convierten en temibles adversarios. Durante la segunda guerra entre romanos y samnitas, a finales del siglo IV a. C. (327-302), estos últimos se ven obligados a entregarle a sus enemigos el control de la Campania. Entonces, la Pompeya samnita se convierte en aliada de Roma, manteniéndose como tal durante la Segunda Guerra Púnica (218-201 a. C.), que la enfrenta al cartaginés Aníbal (general y hombre de Estado, 247-183 a. C.). Esta fidelidad le permite prosperar a lo largo del siglo III y II a. C. La ciudad se desarrolla, tanto dentro de sus fortificaciones como extramuros, donde prosperan las propiedades agrícolas. Pero en el 90 a. C. estalla la Guerra Social (de *socii* en latín, que significa «aliados») entre Roma y sus ciudades aliadas.

LA GUERRA SOCIAL: ROMA A LA CONQUISTA DE ITALIA

A las puertas de nuestra era, Italia está formada por un mosaico de pueblos (samnitas, marsos, pulleses, lucanos, galos, etc.) cuyas ciudades se han aliado a Roma tras años de conflictos y derrotas. Pero a principios del siglo I a. C., las tensiones se multiplican. De hecho, Roma utiliza las fuerzas armadas que los aliados le proporcionan para conquistar nuevos territorios, pero siempre los considera vasallos y no duda en inmiscuirse en su vida política y económica. Cuando se establece un proyecto de ley que tiene como objetivo que solo los ciudadanos romanos puedan beneficiarse de los territorios públicos obtenidos por los romanos en sus conquistas, el tribuno Livio Druso (muerto en el 91 a. C.) se pronuncia contra esta idea y apoya ante el Senado la atribución de la ciudadanía romana a todos los habitantes de las ciudades aliadas. Sin embargo, su idea es rechazada y Livio Druso asesinado, lo que provoca una gran agitación.

Las ciudades aliadas intentan entonces reunirse en una confederación (llamada «itálica», por el nombre de los pueblos de la península), bajo la dirección del marso Quinto Popedio Silón (muerto en el 88 a. C.) y del samnita Cayo Papic Mutilo. En el año 90 a. C., Roma acepta finalmente, mediante la ley Julia, extender la ciudadanía romana a todas las ciudades que no se hayan sublevado contra su autoridad.

LA CIUDADANÍA ROMANA

En el siglo I, la ciudadanía romana se aplica a cinco categorías de hombres:

- los hijos de ciudadano romano;
- los esclavos de ciudadanos romanos que hubieran sido liberados;
- los extranjeros que hubieran realizado un servicio militar de más de 24 años en el ejército romano;
- los magistrados de las ciudades extranjeras de derecho latino;
- los habitantes de una ciudad conquistada por el favor del emperador.

Sin embargo, solo los ciudadanos hijos de ciudadano pueden acceder a la magistratura y al Senado.

Después de la Guerra Social, las ciudades aliadas del sur de Italia y de la Galia Cisalpina, y después de la Galia (edicto del emperador Claudio, año 48) obtienen la ciudadanía de sus habitantes con la condición de cumplir los criterios financieros. Finalmente, el edicto de Caracalla (año 212) le otorga la ciudadanía a cualquier hombre libre del Imperio.

Una vez adquirida, esta confiere derechos civiles, políticos y militares, y permite, sobre todo, seguir el *cursus honorum* que da acceso a las funciones administrativas más altas de Roma. Asimismo, se acompaña de deberes, como el pago de impuestos, el censo, la participación financiera o personal en la defensa del Imperio, etc.

En paralelo, Roma envía a sus ejércitos, liderados por el general Sila (138-78 a. C.), a someter a las ciudades rebeldes, entre las que se encuentran Herculano y Pompeya. La primera se convierte en un municipio (ciudad con gobierno autónomo, a menudo a imitación de las instituciones romanas, con un derecho de ciudadanía reducido), mientras que la segunda es proclamada colonia romana en el año 80 a. C. bajo el nombre de *Colonia Cornelia Veneria Pompeianorum* («colonia dedicada a Venus pompeyana»). La colonia se distingue del municipio en tanto que la mitad de su población son colonos (ciudadanos romanos), y la otra mitad autóctonos itálicos. Así pues, son muchos los romanos que se establecen en Pompeya, ocupando las viviendas de las antiguas élites samnitas expulsadas y apropiándose de sus tierras.

A partir de ahora comienza una época de prosperidad que

prosigue bajo el Imperio. En el reinado de Augusto (emperador romano, 63-14 a. C.), la Campania se incorpora al Lacio para formar la primera región administrativa del Imperio romano. Augusto ayuda a la burguesía de Pompeya, entre la que se encuentran las antiguas familias autóctonas, con el fin de ganarse su apoyo. A cambio, estas contribuyen al enriquecimiento de la ciudad, celebrando el culto imperial, obligatorio y público, mediante suntuosas construcciones arquitectónicas. También bajo su mandato se construyen los acueductos y los depósitos de agua que suministran agua corriente no solo a las fuentes públicas, sino también a las residencias privadas de Herculano y Pompeya. Con los sucesores de Augusto, la prosperidad perdura. Las ciudades de la bahía napolitana atraen a la aristocracia romana, que se instala en la ciudad, pero sobre todo en casas de campo y a orillas del mar.

Pero Pompeya no es solo un lugar de vacaciones. Es ante todo una ciudad mercantil de primer nivel, caracterizada por la intensidad de sus intercambios con el resto del Imperio. Atrae a una población cosmopolita y goza de una animada vida política. La erupción del 24 de agosto del año 79 acabará de forma brutal con esta vitalidad.

¿SABÍAS QUE...?

Pompeya y las ciudades de la bahía de Nápoles atraen a un gran número de personalidades romanas. Dos de ellas han dejado testimonio de su gusto por las viviendas rurales. Popea Sabina (30-65), la segunda esposa del emperador Nerón (37-68), posee una residencia en

Oplontis, cuyos vestigios siguen siendo visibles hoy en día y demuestran su distinción. Por su parte, Cicerón (filósofo y hombre político romano, 106-43 a. C.) reside regularmente en su casa de Pompeya, donde compone algunos de sus escritos, y cuyo encanto alaba en su correspondencia. Espartaco (esclavo gladiador tracio, muerto en el 71 a. C.), responsable de la revuelta de esclavos del 73 a. C., encuentra su refugio en las laderas del Vesubio antes de huir a la Galia.

EL DESPERTAR DEL VESUBIO

Las representaciones del volcán, a cuyos pies se extienden prósperas ciudades, muestran una montaña con una cumbre puntiaguda cubierta de tierras de cultivo, especialmente de viñedos. Los primeros colonos griegos de la región la apodan Campos Flégreos, es decir, campos ardientes, debido a las surgencias de agua hirviendo. Algunos autores, como Estrabón (geógrafo griego, c. 64 a. C.-c. 25 d. C.) evocan la naturaleza volcánica del terreno. Pero la tranquilidad de varios cientos de años hace que la población local se olvide de su peligrosidad. La primera señal de aviso tiene lugar el 5 de febrero del 62. Los relatos de Tácito (historiador romano, 56-117) en los *Anales* y de Séneca (filósofo, hombre político y dramaturgo romano, 4 a. C.-65 d. C.) en las *Cuestiones naturales*, así como un bajo relieve de mármol descubierto en una villa de Pompeya, demuestran que hubo un terremoto (de una magnitud estimada de 5 grados) cuyo epicentro fue Pompeya y que destruyó una gran parte de la ciudad. En el 79, cuando el Vesubio despierta y entra en erupción, la ciudad está aún realizando las obras de reconstrucción.

BIOGRAFÍAS

PLINIO EL VIEJO, NATURALISTA Y ESCRITOR LATINO

Plinio el Viejo.

Plinio el Viejo nace en el año 23, probablemente en Como, y es un escritor latino nacido en una familia acomodada del orden ecuestre. Realiza sus estudios en la escuela de retórica de Roma para después convertirse en oficial de caballería en Germania entre el año 47 y el 57. Interrumpe su carrera militar bajo el reinado de Nerón, época en la que reside principalmente en Roma.

El sucesor de Nerón, Vespasiano (9-79) le nombra procurador de la Galia Narbonense (provincia romana al sur de la Galia) y de Hispania, y emprende un viaje al norte de África. Es requerido en Roma para trabajar como consejero personal del emperador y, cuando este muere, el nuevo emperador, Tito (39-81), le designa comandante de la flota de Miseno, al norte de la bahía de Nápoles. Es testigo de la erupción del Vesubio en el 79. Fleta un navío para observarla más de cerca y para prestarle ayuda a sus amigos de Estabia, donde muere asfixiado.

Apasionado del aprendizaje y animado por una insaciable curiosidad, escribe durante toda su vida y crea numerosas obras, tanto de ciencias como de historia militar, de historia imperial —continuando la obra de Tito Livio (historiador romano, 59 a. C.-17 d. C.)—, de gramática y de retórica, y destaca su *Historia natural*, formada por 37 libros y dedicada a Tito. Esta compilación de saberes zoológicos, botánicos y geográficos antiguos es la única obra del autor que ha llegado a nuestros días.

PLINIO EL JOVEN, ESCRITOR LATINO

Nacido en el año 61 en Como, Plinio el Joven es huérfano de padre y es criado por sus tutores, primero por Lucio Verginio Rufo (14-97), vencedor del levantamiento de la provincia romana de Lyon, senador, gobernador de la Galia Cisalpina y después cónsul romano bajo el mandato del emperador Nerva (30-98), y después por Plinio el Viejo, su tío, que le adopta por testamento. Estudia en Roma y cabe destacar que recibe enseñanzas del célebre retórico Quintiliano (35-100). Se convierte en un reputado abogado, y sigue el tradicional *cursus honorum* para acceder a la función de senador. En el 111, Trajano (emperador romano, 53-117) le nombra legado imperial de Bitinia .

Su correspondencia con sus amigos eruditos, pero también con el emperador Trajano, representa una obra literaria magistral y un valioso testimonio de la vida y el pensamiento de su siglo. En sus cartas con su amigo Tácito relata la muerte de su tío durante la erupción del Vesubio, lo que ofrece una descripción única del acontecimiento.

Muere en el año 113.

UNA CÉLEBRE DESCRIPCIÓN

La detallada descripción de la erupción del Vesubio del año 79 escrita por Plinio el Joven ha pasado a la posteridad en el ámbito de la arqueología y en el de la historia, pero también en el de la volcanología. De hecho, el adjetivo «pliniana» designa un tipo de erupción caracterizada por un magma viscoso, cuyo crecimiento desencadena explosiones violentas que emiten penachos volcánicos de varios kilómetros de altura, seguidos a continuación de lluvias de cenizas y de fragmentos volcánicos, siguiendo el modelo del Vesubio.

GIUSEPPE FIORELLI, ARQUEÓLOGO ITALIANO

Nacido en Nápoles el 8 de junio de 1823, Giuseppe Fiorelli estudia arqueología y numismática. Miembro del Museo Arqueológico Nacional de Nápoles, realiza sus primeras excavaciones para este en Pompeya en el año 1848. Vuelve al emplazamiento arqueológico en 1860, esta vez por cuenta de la Universidad de Nápoles, donde trabaja como profesor de arqueología.

Es el primero en utilizar una técnica de excavación que respeta los diferentes estratos arqueológicos. También despeja las calles, a menudo abandonadas y llenas de escombros debido a los cascotes procedentes de las viviendas. Pone orden a la ciudad, que surge poco a poco dividida en regiones y en barrios (*insulae*) y numera cada casa. Es también muy minucioso con los objetos que encuentra, que son identificados, numerados y clasificados en cuadernos de campo precisos, publicados bajo el nombre de *Pompeianorum Antiquitatum Historia*. Pero su trabajo más célebre es el moldeado de algunas víctimas de la erupción. De hecho, la ceniza, una vez solidificada, conserva el relieve de aquello que ha cubierto, en especial el cuerpo de las víctimas de la catástrofe, tanto humanas como animales. La descomposición de la materia orgánica crea un espacio vacío dentro del que Fiorelli hace verter yeso para después romper la coraza de ceniza endurecida. De esta forma obtiene impresionantes moldes de cuerpos petrificados en la posición en la que les sorprendió la muerte. Esta técnica se aplicaría a continuación para encontrar los vestigios de elementos descompuestos (restos alimentarios, objetos de madera, etc.).

Es nombrado director del Museo Nacional de Nápoles y, posteriormente, de las Antigüedades Nacionales Italianas en 1875. Muere en Nápoles el 28 de enero de 1896.

MUERTE Y RECUPERACIÓN DE POMPEYA

EL 24 DE AGOSTO DEL AÑO 79

«El noveno día antes de las Kalendas de septiembre [...] mi madre le indicó la aparición de una nube de inusitadas grandeza y forma [...]. Aparecía una nube y los que la miraban desde lejos no sabían desde que montaña salía, pero después se supo que se trataba del Vesubio. [...] era blanca como sucia y manchada, según llevara tierra o ceniza. [...] Hizo preparar una nave libúrnica [...] Cuanto más se aproximaba, la ceniza caía en las naves cada vez más caliente y más densa, y también pedruscos y piedras ennegrecidas [sic] quemadas y rajadas por el fuego [...] Mientras tanto en el Vesubio relucían, en diversos lugares, anchísimas llamas y elevados incendios, cuyo fulgor y cuya claridad se destacaban en las tinieblas de la noche.

Hacía muchos días había sufrido un terremoto no muy alarmante, ya que es algo muy frecuente en Campania. Pero aquella noche fue tan fuerte que parecía que todo más que moverse se venía abajo. [...] La playa se había ensanchado y muchos animales marinos habían quedado en seco sobre la arena. Por otro lado una negra y horrible nube, rasgada por torcidas y vibrantes sacudidas de fuego, se abría en largas grietas de fuego, que semejaban relámpagos, pero eran mayores. [...] Cuando aclaró un poco nos pareció que no amanecía sino que el fuego se iba aproximando [...]» (Almacén de clásicas 2012).

Estos extractos de las cartas de Plinio el Joven a su amigo Tácito relatan el drama que sacude a la Campania ese mes de agosto del 79. La erupción comienza unos días antes, y se manifiesta a través de una serie de terremotos y con la desaparición de los manantiales. En la noche del 23 al 24, la primera explosión, suave, hace brotar del cráter una fina polvareda y algunos detritos. Probablemente solamente los habitantes de las casas situadas en las laderas del Vesubio lo sintieron. Uno de ellos, Rectina, esposa de un amigo de Plinio el Viejo, le hace llevar un mensaje de socorro hasta Miseno. Durante la tarde del 24 de agosto, una lluvia de cenizas y de pequeñas y ligeras piedras pómez cae sobre la bahía de Nápoles, y la nube que las porta sumerge a la planicie en una oscuridad total.

Erupción del Vesubio el 24 de agosto del año 79, por Pierre-Henri de Valenciennes, 1813.

A lo largo de todo el día, el tamaño de las piedras aumenta y destruyen los tejados de las casas, ya debilitados por los terremotos. El mar también está agitado por los movimientos telúricos y comienza a retirarse, signo precursor del tsunami que azotará la costa unas horas después. El 25 de agosto, las lluvias de ceniza son sustituidas por flujos piroclásticos, también llamados nubes ardientes, avalanchas de detritos y de gas a una temperatura superior a los 400 grados que descienden por las laderas del volcán a una velocidad que podría haber alcanzado los 600 km/h y quemando todo a su paso. Pompeya es sepultada primero, seguida de Herculano, también cubierta por la colada detrítica empujada por una avalancha de magma procedente del cráter derrumbado.

Una parte de la población, aterrorizada, intenta encerrarse en sus casas, pero estas se vienen abajo por el peso de la lluvia de detritos. Los pompeyanos que se quedan en la calle se asfixian por culpa de los gases volcánicos y la ceniza se endurece alrededor de sus cuerpos. Otros, que intentan huir por mar, mueren debido al tsunami. Con todo, muchos logran escapar de la catástrofe alejándose de las ciudades a pie o en carro.

Moldeado de una víctima de la erupción enterrada en posición sentada.

Un dato controvertido

Si bien conocemos la fecha de la erupción gracias a la carta de Plinio el Joven a Tácito, esta es hoy en día objeto de numerosas controversias. La duda se centra en lo que realmente escribió Plinio y en su transcripción, ya que «el noveno día antes de las Kalendas» no es una expresión al uso en la sintaxis latina. Además, las investigaciones arqueológicas hacen pensar que el acontecimiento habría ocurrido en otoño, puesto que las víctimas vestían atuendos demasiado abrigados para un mes de agosto. A esto hay que añadir que parece que algunos braseros habrían estado encendidos, lo que demuestra que la temperatura era fresca. Otros indicios, como las frutas y verduras, el estudio del régimen de vientos y la dirección de las nubes de cenizas, tienden a confirmar que la erupción se produjo en el mes de octubre.

LAS SECUELAS DE LA CATÁSTROFE

En dos días, el Vesubio causa un considerable número de víctimas. En Pompeya, se calcula que el 10% de la población (2000 personas sobre una población total de unos 20 000 habitantes) y, en la región, se cuenta en total con entre 10 000 y 20 000 muertos. El paisaje es apocalíptico. Pero el estupor dura poco y enseguida regresan a la ciudad de Pompeya, que solo está cubierta con entre dos y tres metros de detritos volcánicos (contra la veintena de Heculano), tanto los habitantes que habían huido como saqueadores, que buscan tesoros abandonados en las casas destruidas. Pero el emperador Tito manda vigilar los escombros. La gente deja de interesarse progresivamente por este campo de ruinas en la que los cultivos recuperan sus derechos. El lugar lleva el impreciso nombre de *civita* («la ciudad») hasta su redescubrimiento y su identificación en el siglo XVIII.

LA RECUPERACIÓN DE POMPEYA

Hasta finales del siglo XVI, las ciudades sepultadas se cubren de viñedos y de cultivos. Entre 1592 y 1600, durante la construcción de un canal sobre el río Sarno, dirigida por el arquitecto italiano Domenico Fontana (1543-1607), se encuentran pinturas, monedas e inscripciones, pero el ingeniero vuelve a sepultarlas. Probablemente, a lo largo de los siglos habrían aparecido vestigios cuando se perforaron pozos y se labraron campos, pero fueron hallazgos dispersos y sin atractivo para las gentes de la época.

En el siglo XVIII, sin embargo, bajo el reinado de Carlos VII (rey de Nápoles, 1716-1788), la arqueología y, sobre todo, el descubrimiento de objetos de arte antiguos comienzan a ganar cierto prestigio. Cuando oye hablar de los descubrimientos realizados en Herculano en 1738, el soberano inicia una primera campaña de excavaciones, liderada por el ingeniero Roque Joaquín de Alcubierre (1702-1780). En 1748, le toca el turno al emplazamiento de Pompeya, que es excavado por el abad Martorelli y, en 1763, la ciudad es identificada.

Las excavaciones se realizan de forma desordenada porque su objetivo es la colección de obras de arte, no el estudio de la civilización antigua. Así pues, todo lo que parece no tener valor estético es destruido, y el emplazamiento es terraplenado cuando ya se ha explorado. Estas prácticas, que son denunciadas por el que se considera el primer historiador de arte, especialista en la Antigüedad, Johann Joachim

Winckelmann (1717-1768), hacen que ambos emplazamientos se hagan famosos, atrayendo a invitados de prestigio.

Este entusiasmo se mantiene durante la dominación napoleónica, animado por Joaquín Murat (mariscal de Francia y rey de Nápoles, 1767-1815) y su esposa Carolina Bonaparte (1782-1839). Tras un periodo más tranquilo que sigue a la caída de los príncipes franceses, el inicio del periodo de unificación de Italia (1815-1870), y el breve pasaje de Alejandro Dumas (hombre de letras francés, 1802-1870), nombrado por Giuseppe Garibaldi (hombre político italiano, 1807-1882) como superintendente de las excavaciones, el rey Víctor Manuel II de Italia (1820-1878) le confía la dirección del emplazamiento al arqueólogo Giuseppe Fiorelli. A partir de ahora, las excavaciones tienen un carácter científicc.

En 1875, su sucesor, Michele Ruggiero, emprende las primeras restauraciones de envergadura y la consolidación de los frescos. La pasión y la intensidad de las excavaciones y de las restauraciones no cesan en el siglo XX, bajo el impulso esta vez de Vittorio Spinazzola (1863-1943) y de Amadeo Maiuri (1886-1963). El emplazamiento, que reagrupa a la vez las ciudades de Herculano, de Pompeya y de la actual Torre Annunziata, cerca del emplazamiento de Estabia, es declarado Patrimonio Mundial de la Humanidad por la Unesco en 1997. Varias décadas después, el problema deja de residir en las excavaciones y pasa a la conservación de un patrimonio que, protegido durante más de 1700 años, empieza a deteriorarse muy rápidamente.

UN PATRIMONIO NUEVAMENTE AMENAZADO

Pero a los vestigios hallados no siempre les sonríe la suerte. De hecho, el descubrimiento enfrenta a las ruinas a alteraciones provocadas por el contacto con el aire, la sequedad, la humedad, la luz y, sobre todo, el público. Aunque los objetos pueden estar protegidos por medidas específicas de conservación, estas son difíciles de poner en marcha cuando se trata de monumentos, y los emplazamientos arqueológicos del Vesubio no se libran de esta problemática. Aunque Pompeya sufre bombardeos durante la Segunda Guerra

Mundial (1939-1945), un terremoto en 1980, la embestida de las intemperies y es visitada anualmente por cerca de 2 millones de visitantes, lo que la debilita hoy en día son los problemas financieros. Con las crisis económicas que sacuden a la península y a Europa entera, el presupuesto dedicado a la cultura en Italia disminuye y ya no permite hacer frente a las obras de restauración y de conservación del emplazamiento, pero tampoco al simple mantenimiento o a la vigilancia. Las pinturas y los mosaicos se deterioran, los frescos se desprenden y los edificios se desmoronan tanto en los lugares poco frecuentados por turistas como en los barrios más visitados. El colapso de la casa de los gladiadores en noviembre de 2010 alertó a la opinión pública y la Unesco lanzó una señal de alarma. Como consecuencia, la Unión Europea ordenó a Italia utilizar los fondos puestos a disposición por el Gobierno en las obras de restauración antes de 2015, bajo pena de tener que reembolsar las cantidades abonadas. Sin embargo, la lentitud administrativa y los problemas de adjudicación de los mercados de restauración le dan pocas esperanzas a la ciudad pompeyana.

EL EMPLAZAMIENTO ARQUEOLÓGICO Y SUS HALLAZGOS

La actual negligencia que sufren las ciudades antiguas del golfo de Nápoles compromete un patrimonio de valor inestimable. La erupción del 79 petrifica y, sobre todo, protege de forma extraordinaria y única en el mundo a lugares a los que el volcán les robó la vida. Herculano, Pompeya y Estabia ofrecen increíbles testimonios de la vida antigua al detalle. Podemos seguir a lo largo de cinco siglos la evolución de las viviendas, de las costumbres, de la vida comercial y política.

LAS VIVIENDAS

Las excavaciones han logrado desvelar las diferentes épocas que atraviesan las residencias de Pompeya. Los restos más antiguos revelan viviendas organizadas en bloques dentro de un planeamiento urbanístico poco organizado en un recinto de fortificaciones de toba volcánica (una roca de origen volcánico local). La clase media vive en unas urbanizaciones en las que las casas son prácticamente idénticas: están formadas por un pasillo que comunica dos habitaciones y en cuyo final se encuentra una sala de estar, y a continuación una nueva serie de habitaciones traseras y un pequeño huerto. En la época samnita (del siglo V al I a. C.), las élites poseían casas con un atrio: la sala de estar era un recibidor, caracterizado por una abertura central que desembocaba en un estanque.

En el siglo II a. C., la opulencia de la ciudad y sus estrechos vínculos con las ciudades griegas que la rodean y con las del Mediterráneo, con las que comercia, hacen que se construyan residencias lujosas. Las casas con doble *atrium* (uno privado y otro de recepción) se multiplican, el jardín utilitario se convierte en un jardín de recreo, transformado en peristilo (rodeado de columnas y de techados que dan sombra) bajo la influencia helenística, visible también en la decoración. Los tapices de mosaicos que se encuentran en las viviendas más lujosas (algunos de casi 3000 m^2), representan escenas extraídas de la historia griega. El mosaico también deja entrever escenas de la vida cotidiana, como la célebre *cave canem* que avisa a los paseantes de la presencia de un perro. La pintura mural de la época samnita, que sirve para tapar la mampostería, imita el mármol. Por su parte, las casas ordinarias no cuentan con un suelo en mosaico, sino que se contentan con tierra batida o con adoquines de toba.

Con la obtención del estatuto de colonia romana, las viviendas continúan evolucionando, saliendo de un recinto amurallado que se vuelve obsoleto. Se establecen numerosas casas de placer y de veraneo a orillas del golfo de Nápoles, como la villa de los Misterios o la villa de Diomedes, cerca de Herculano. Las casas urbanas, en una ciudad cuyo plano se romaniza, con calles rectas y perpendiculares construidas alrededor de un *cardo* (vía central de la ciudad que va de norte a sur), abren terrazas que dan al exterior. La decoración también se transforma: la pintura se convierte en un truco que crea nuevos espacios virtuales, como jardines o escenas de teatro animadas por personajes de gran relevancia. Más tarde, la pintura se convierte en un símbolo, expresando el imaginario alimentado por la mitología y el exotismo, mientras que el mosaico juega con la policromía y la geometría.

La intensa actividad económica de Pompeya y la diversidad de la población que vive en la ciudad (antiguas familias samnitas, ricos colonos romanos así como una burguesía de comerciantes, campanienses o extranjeros) influyen en la arquitectura doméstica de la época romana. Las casas burguesas, a diferencia de las aristócratas, no cuentan con salas suntuosas, de recepción, pero a veces sí con una super-ficie imponente. A menudo tienen un piso que reservan para albergar a los criados y a los esclavos o, en las casas de las clases medias, para alquilar. Cabe destacar que la ciudad no está divida en barrios que descansan en bases sociales: una residencia burguesa puede colindar tanto con un palacio como con una casa más modesta.

LA VIDA ECONÓMICA

Los edificios que dan fe de la animada vida económica de Pompeya son numerosos. Las *tabernae* (lugares destinados a la venta), como la *Taberna Fortunatae*, bordean las calles, la mayoría pavimentadas, ofreciéndole a los habitantes frutas, verduras, cereales y vino, así como productos artesanales, telas y joyas. Las pinturas encontradas sobre las paredes de estas *tabernae* permiten conocer el precio del vino: 1 as (es decir, ¼ de sestercio) para el vino de baja calidad, 4 para el vino de Falerno, donde se encuentran los viñedos más famosos de la época.

Encontramos también panaderías, cuya actividad está descrita en los frescos y en los mosaicos, así como las *thermopolia* (termopolios en español), puestos en los que los habitantes más modestos podían comer algo rápido durante el día, como el *thermopolium* del Lararium, con sus mostradores de mármol en los que se empotran los *dolia*, enormes vasijas llenas de comida, en las que los habitantes y los comerciantes que estaban de paso podían comer. En algunos casos se ha encontrado el contenido de estos *dolia* (aceitunas, pescado en salmuera, frutos secos, carne hervida, etc.), lo que ofrece un extraordinario testimonio sobre la alimentación de los pompeyanos.

Termopolio de Lucio Vetucio Plácido en la ciudad de Pompeya.

El *macellum* simboliza también la importancia comercial de Pompeya. El mercado de productos alimentarios goza de un emplazamiento propio. Además de estar rodeado de tiendas y de contar con el indispensable *sacellum* (lugar dedicado al culto imperial), los vendedores ambulantes instalan sus puestos en lugares previamente reservados en determinadas zonas del municipio. Los vendedores de productos frescos tienen una fuente en la que conservar sus productos, y una balanza permite garantizar la honestidad de los vendedores. Tintorerías, curtidurías, pero también los burdeles, tan ricamente decorados con frisos y murales como las casas, permiten penetrar en el día a día de la ciudad.

LA VIDA POLÍTICA Y RELIGIOSA

La vida política y religiosa de Pompeya es conocida, en primer lugar, por los edificios habituales que caracterizan la vida pública de toda ciudad romana: el foro, la basílica y los templos marcan la evolución de la ciudad. También ilustran el desarrollo de la arquitectura y sus influencias. El templo de Apolo, el más antiguo, se remonta a los asentamientos etruscos, mientras que el templo de Isis, que data del siglo II a. C., representa la concepción samnita de la arquitectura pública. El templo de Júpiter, aproximadamente de la misma época, es transformado en capitolio con la colonización romana de la ciudad, mostrando así la adaptación y la reutilización de los edificios en función de las sucesivas influencias.

Las élites de la época imperial, para atraer el voto de sus conciudadanos en las elecciones, pero también para demostrar su poder y asentar su imagen, rivalizan en el gasto de sus fondos privados para embellecer la ciudad, ampliando los antiguos monumentos, reemplazando la toba por el mármol y construyendo nuevos lugares dedicados a la vida pública y, en especial, a actividades de ocio.

OCIO Y VIDA DIARIA

La prosperidad de Pompeya también se expresa a través de sus infraestructuras de ocio. La ciudad cuenta con dos instalaciones termales que se remontan al siglo I a. C., con un anfiteatro, un teatro y un odeón (lugar dedicado a las representaciones musicales), así como con una palestra (lugar de entrenamiento deportivo que cuenta con una piscina). El abastecimiento de agua, que se remonta a la instalación samnita, se mejora profundamente a lo largo de los siglos con la construcción de acueductos que permiten alimentar los depósitos de agua (se han descubierto 14 repartidos por toda la ciudad), dotando así a la ciudad pompeyana de agua corriente gracias a kilómetros de tuberías de plomo. Las casas, los jardines y, sobre todo, las fuentes públicas instaladas en todas las esquinas de las calles, así como las termas, se benefician de estas instalaciones.

Además, la ceniza ha permitido conservar algo que normalmente desaparece enseguida: la materia orgánica. Además de los restos humanos hallados, se observa cómo el flujo piroclástico también sorprende y petrifica a animales: perros que intentaban librarse de su cadena o mulas intentado huir de la panadería en la que hacían girar el molino. Restos alimentarios, como pan, fondos de *dolia* y tazas de aceitunas o de nueces completan el cuadro de la vida de una ciudad petrificada en vida por la cólera volcánica.

mación sobre el precio de los alimentos, del vino, y de la entrada a las termas. Aún se encuentran inscripciones realizadas durante las elecciones, pero también injurias dejadas por particulares. Más allá de simples frases escritas sobre mármol, las pinturas de Pompeya son un símbolo del extraordinario soplo de vida del que goza la ciudad.

EN RESUMEN

- La ciudad de Pompeya se funda en el siglo VI a. C. en el golfo de Nápoles, cerca del Vesubio.
- Se convierte en colonia romana en torno al año 80 a. C.
- En el año 62 es parcialmente destruida por un terremoto, pero es reconstruida. El 24 de agosto del 79, la erupción del Vesubio provoca que quede sepultada bajo una lluvia de ceniza. El relato de este hecho ha llegado hasta nuestros días gracias a las cartas de Plinio el Joven.
- Después de haber sido completamente olvidada, se señalan los primeros rastros de la ciudad a finales del siglo XVI, y en el año 1748 se inician las primeras excavaciones.
- Estas continúan con Napoleón Bonaparte y Joaquín Murat cuando estos poseen el reino de Nápoles, pero no se hacen sistemáticas hasta 1860, especialmente bajo la dirección del arqueólogo Giovanni Fiorelli.
- Los emplazamientos de Pompeya, de Herculano y de Torre Annunziata (Oplontis) representan una superficie de 98 hectáreas y son Patrimonio de la Humanidad por la Unesco desde 1997.
- Hoy en día, se encuentran amenazados debido a la falta de mantenimiento resultante de una mala gestión de los fondos del proyecto.

¡Tu opinión nos interesa!
¡Deja un comentario en la página web de tu librería en línea,
y comparte tus favoritos en las redes sociales!

PARA IR MÁS ALLÁ

BIBLIOGRAFÍA

- Almacén de clásicas, "La erupción del Vesubio: el testimonio de un pompeyano (Cartas de Plinio el Joven a su amigo el historiador Tácito)", 2012. Consultado el 12 de diciembre de 2016. http://almacendeclasicas.blogspot.be/2012/11/el-testimonio-de-un-pompeyano.html
- Barbet, Alix. 2001. *Les cités enfouies du Vésuve. Pompéi, Herculanum, Baies, Stabies*. París: Fayard.
- Coarelli, Filippo. 2005. *Pompéi, la vie ensevelie*. París: Larousse.
- Etienne, Robert. 1998. *La vie quotidienne à Pompéi*. París: Hachette.
- Géroudet, Noëlle. 2005. "La représentation figurée du tremblement de terre romain de 62 apr. J.-C. à Pompéi: médiatisation d'une catastrophe naturelle?". *Récits et représentations des catastrophes depuis l'Antiquité*. Grenoble: CNRS-MSH Alpes.
- Grimal, Pierre. 1998. *La civilisation romaine*. París: Flammarion.
- Lamoine, Laurent. 2009. *Le pouvoir local en Gaule romaine*. Clermont-Ferrand: Presses universitaires Blaise-Pascal.
- Lessing, Erich y Antonio Varone. 1995. *Pompéi*. París: Éditions du Terrail.
- Robert-Boissier, Béatrice. 2011. *Pompéi. Les doubles vies de la cité du Vésuve*. París: Ellipses.
- Van Andringa, William. 2013. *Pompéi: mythologie et histoire*. París: Éditions du CNRS.

FUENTES COMPLEMENTARIAS

- Canu, Alain. "Introduction". *Noctes Gallicanae*. Consultado el 12 de diciembre de 2016. http://www.noctes-gallicanae.fr/Pompeii/Pompeii.htm
- Colectivo. 2011. "Pompéi, un art de vivre exceptionnel". *Historia*, n.° 778.
- Urgelli, Benoît. 2001. "L'éruption du Vésuve 79 après J.C.". *Planet Terre. Eduscol.* 21 de mayo. Consultado el 12 de diciembre de 2016. http://planet-terre.ens-lyon.fr/article/vesuve-eruption-79.xml
- Pompei Ercolano Stabia, "Pompéi". Consultado el 12 de diciembre de 2016. http://www.pompeiisites.org/

FUENTES ICONOGRÁFICAS

- Vista general de las ruinas de Pompeya, grabado de *Die Gartenlaube*, Leipzig, edición de Ernst Keil, 1856. La imagen reproducida está libre de derechos.
- Plinio el Viejo. © Cesare Cantù, *Grande Illustrazione del Lombardo Veneto. Ossia storia delle città, dei borghi, comuni, castelli ecc.*, Vol. III, Milán, Corona e Caimi, 1859.
- *Erupción del Vesubio el 24 de agosto del año 79*, por Pierre-Henri de Valenciennes, 1813.
- Moldeado de una víctima de la erupción enterrada en posición sentada. © Jebulon.
- Termopolio de Lucio Vetucio Plácido en la ciudad de Pompeya. © Daniele Florio.

NOVELAS

- Bulwer-Lytton, Edward. 1834. *Los últimos días de Pompeya.*
- Gautier, Théophile. 1852. *Arria Marcella, recuerdo de Pompeya.*
- Lundgern, Maja. 2004. *Pompeya.*

PELÍCULA, DOCUMENTALES Y EMISIONES RADIOFÓNICAS

- *2000 ans d'histoire: Le 24 août 79: la Destruction de Pompéi.* Emisión radiofónica de Patrice Gélinet. Francia, 1999.
- *2000 ans d'histoire*: *Pompéi.* Emisión radiofónica de Patrice Gélinet. Francia, 2009.
- *Carnet nomade: Un jour à Pompéi.* Emisión radiofónica de Colette Fellous, Francia, 2011.
- *C'est pas sorcier: Pompéi.* Dirigido por Catherine Breton. Francia, 2001.
- *La Cité disparue de Pompéi.* Dirigido por Chris Holt. Gran Bretaña, Francia, 2013.
- *La Marche de l'Histoire: Pompéi: capitale de l'archéologie.* Emisión radiofónica de Jean Lebrun. Francia, 2011.
- *Los últimos días de Pompeya.* Dirigida por Mario Bonnard y Sergio Leone, con Steve Reeves y Christine Kaufmann. Alemania-España-Italia-Mónaco, 1959.
- *Out of the Ashes: Recovering the Lost Library of Herculaneum.* Dirigido por Julie Walker. Estados Unidos, 2003.